全国中等职业技术学校汽车类专业教材

混合动力汽车构造与维修
习题册

中国劳动社会保障出版社

图书在版编目(CIP)数据

混合动力汽车构造与维修习题册/陈社会主编. —北京：中国劳动社会保障出版社，2013
全国中等职业技术学校汽车类专业教材
ISBN 978-7-5167-0583-4

Ⅰ.①混… Ⅱ.①陈… Ⅲ.①混合动力汽车-构造-中等专业学校-习题集②混合动力汽车-车辆修理-中等专业学校-习题集 Ⅳ.①U469.7-44

中国版本图书馆 CIP 数据核字(2013)第 206260 号

中国劳动社会保障出版社出版发行
（北京市惠新东街1号　邮政编码：100029）
出 版 人：张梦欣
*
三河市潮河印业有限公司印刷装订　　新华书店经销

787 毫米×1092 毫米　16 开本　3.25 印张　74 千字
2013 年 9 月第 1 版　　2024 年 3 月第 9 次印刷
定价：6.00 元

营销中心电话：400-606-6496
出版社网址：http://www.class.com.cn
http://jg.class.com.cn

目　录

第一章 概　述

§1—1　汽车工业面临的挑战

一、填空题（将正确答案填写在横线上）

1. 日益增多的汽车为人类带来沉重的__________、__________和__________等问题，这也是汽车工业发展所面临的巨大挑战。

2. 汽车排出的各种物质中，对人类形成危害的有__________、__________、NO_x、炭烟和__________等。

3. __________是燃料不完全燃烧的产物，是汽车尾气中浓度最大的有害成分。

4. PM2.5 的主要来源是日常发电、工业生产、__________等过程中经过燃烧而排放的残留物，大多含有__________等有毒物质。

5. __________以柴油机排放量为最多。

6. __________是汽油机和柴油机排放的主要污染物，是发动机大负荷工作时进气中的__________与__________在__________条件下反应而生成的。

二、名词解释

1. PM2.5

2. 温室效应

三、简答题

1. 简述中国能源现状。

2. 汽车排气污染物的主要成分是什么？

§1—2 电动汽车的发展

一、填空题（将正确答案填写在横线上）

1. 节能汽车是指以__________为主要动力系统，____________________优于下一阶段目标值的汽车。

2. 电动汽车用__________驱动，用蓄电池、燃料电池、电容器或高速飞轮等作相应的____________。

3. 电动汽车电力驱动子系统由__________、__________、__________、机械传动装置和车轮等组成。

4. 能量管理系统和电控系统一起控制__________及其______________________，能量管理系统和充电器一同控制充电并监测电源的___________。

5. 电动汽车的能量主要是通过__________而不是通过_____________________和_____________________传递的，因此，电动汽车各部件的布置具有很大的___________。

6. 2008 年通用发布首款量产版的插电式混合动力汽车 Volt，它也是__________混合动力汽车。

7.《电动汽车科技发展“十二五”专项规划》指出：确立“__________”的技术转型战略；坚持“__________”的研发布局。

二、选择题（不定项）

1. 下列属于电动汽车的是（　　）。
   A. 纯电动汽车　　B. 插电式电动汽车
   C. 燃料电池电动汽车　　D. 常规混合动力电动汽车
2. 下列属于节能汽车的是（　　）。
   A. 纯电动汽车　　B. 常规混合动力汽车
   C. 插电式混合动力汽车
3. 1859 年，法国人（　　）发明了世界第一个可充电的蓄电池，为后来的电动汽车的发展奠定了基础。
   A. 普兰特（G. Plante）　　B. 特鲁夫（Gustave Trouve）
   C. 托马斯·德文博特（Thomas Davenport）
4. 属于电动汽车子系统的是（　　）。
   A. 电力驱动子系统　　B. 主能源子系统
   C. 辅助控制子系统
5. 《节能与新能源汽车产业发展规划（2012—2020 年）》指出，到 2015 年，纯电动汽车和插电式混合动力汽车累计产销量力争达到（　　）万辆。
   A. 30　　B. 50　　C. 100
6. 下列可以作为电动汽车的储能装置的是（　　）。
   A. 蓄电池　　B. 燃料电池
   C. 超级电容器　　D. 高速飞轮

三、判断题（对的打“√”，错的打“×”）

1. 节能汽车也是新能源汽车。（　　）
2. 常规混合动力汽车不是新能源汽车，实际上是一种节能汽车。（　　）
3. 燃料电池按照工作温度可以分为高温型、中温型及低温型三类。工作温度为 100 ~ 300℃的称为低温型。（　　）
4. 混合动力汽车与内燃机汽车比较可使原动机在最佳工况区稳定运行，从而降低排污和油耗。（　　）
5. PHEV 不能兼具纯电动汽车和 HEV 的优点。（　　）

四、名词解释

1. 新能源汽车

2. 电动汽车

五、简答题

1. 简述纯电动汽车技术发展特点。

2. 混合动力电动汽车与纯电动汽车相比，优点是什么？

3. 混合动力电动汽车的技术发展是怎样的？

4. 简述燃料电池的工作原理。

5.《节能与新能源汽车产业发展规划（2012—2020 年）》指出的技术路线是什么？

第二章　混合动力汽车构造与工作原理

§2—1　混合动力汽车的基本概念与分类

一、填空题（将正确答案填写在横线上）

1. 对于混合动力汽车而言，一般在一辆汽车上同时配备________系统和________单元，其中后者是________的原动机或由原动机驱动的________。

2. 混合动力汽车可分为两大类，即________________和________________。

3. HHV 的特点是可使用________，可________或________和传统内燃机动力一起驱动汽车行驶。

4. 按混合度划分，混合动力汽车可以分为________________、________________、________________。

5. 并联式混合动力电动汽车是指________________由________及________同时或单独供给的混合动力电动汽车。

6. 串联式混合动力电动汽车是指车辆行驶系统的________只来源于________的混合动力电动汽车。

二、选择题（不定项）

1. 按照动力系统结构形式划分，混合动力电动汽车可以分为（　　）。

A. 串联式混合动力电动汽车

B. 并联式混合动力电动汽车

C. 混联式混合动力电动汽车

2. 重度混合（强混合）型混合动力电动汽车是指以发动机和/或电动机为动力源，一般情况下电动机的峰值功率和总功率的比值大于（　　），且电动机可以独立驱动车辆正常行驶的混合动力电动汽车。

A. 30%　　　B. 40%　　　C. 50%

三、名词解释

1. 混合动力车辆

2．混合动力电动汽车

3．混联式混合动力电动汽车

四、简答题

1．HEV 的突出优点是什么？

2．HEV 与传统汽车的区别是什么？

3．串联式混合动力电动汽车的典型结构特点是什么？

§2—2 典型混合动力电动汽车构造

一、填空题（将正确答案填写在横线上）

1．串联式混合动力系统利用________________，从而带动____________驱动车轮。

2．串联式混合动力系统由________________进行准稳恒性运转来带动____________，直接________________，或一边给________________一边行驶。

3．串联式混合动力系统的结构________________、控制________________，但是由于发动机的输出需全部转化为____________再变为驱动汽车的机械能，而机电能量转换和蓄电池的充放电的效率________________，因此使得串联式结构的能量利用效率________________。

4．并联式混合动力驱动系统在车辆启动、低速及轻载行驶时，发动机____________，车辆由________________驱动，为____________工况。

5．并联式混合动力驱动系统与车轮之间____________连接，发动机的运行工况会受车辆行驶工况的影响，所以车辆在行驶工况频繁变化的情况下运行时，发动机有可能不在其最佳工作区域内运行，其____________和____________可能不如串联式混合动力系统。

6．日产风雅混合动力汽车的混合动力系统称为________________式混合动力系统，它是________________联式混合动力汽车。

7．混联式混合动力系统利用________________和____________这两个动力来驱动车轮，同时前者在行驶当中还可以____________。根据行驶条件不同，可以仅靠________________驱动力来行驶，或者利用________________和________________驱动行驶。

8．丰田混联式混合动力系统的核心是用________________组成的动力分离装置来协调发动机和电动机的____________和________________。

二、选择题（不定项）

1．串联式混合动力系统的基本结构由（　　）及发动机等组成。

A. 电动机　　B. 发电机
C. 动力蓄电池　　D. 变压器

2. 串联式混合动力驱动系统的基本控制模式是（　　）。

A. 恒温器式控制　　B. "负荷跟随"控制模式
C. 最佳串联式混合动力模式

3. 通用汽车公司开发的 Series – SHEV 汽车是一种（　　）式混合动力汽车。

A. 串联　　B. 并联　　C. 混联

4. 并联式混合动力系统可以采用（　　）工作模式。

A. 发动机单独驱动　　B. 电动机单独驱动
C. 发动机和电动机混合驱动

5. 并联式混合动力驱动系统的控制模式有（　　）。

A. 蓄电池辅助混合动力模式　　B. 发动机辅助混合动力模式
C. 电动机辅助混合动力模式

三、判断题（对的打"√"，错的打"×"）

1. 串联式混合动力系统结构形式中，动力蓄电池实际上起平衡发动机输出功率和电动机输入功率的作用。（　　）

2. 串联式混合动力系统结构形式中，发动机除了用来发电，还要用来驱动车轮。（　　）

3. 串联式混合动力系统结构中发动机输出的能量利用率比较高。（　　）

4. 串联式混合动力电动汽车更适合经常在市内低速运行的工况，而不适合高速公路行驶工况。（　　）

5. 串联式混合动力系统中，电动机和动力蓄电池的体积和质量都较大，使得整车质量较大。（　　）

6. 并联式混合动力系统使用电动机和发动机两种不同的装置来驱动车轮。（　　）

7. 并联式混合动力驱动系统车辆减速及制动时，电机以发电机模式工作，回收车辆制动能量向蓄电池充电。（　　）

8. 并联式混合动力驱动系统的燃油经济性要比串联式混合动力驱动系统的低。（　　）

9. 丰田混联式混合动力系统在停车时，发动机、电动机、发电机全部自动停止运转，不会因怠速而浪费能量。（　　）

四、名词解释

1. 串联式混合动力系统

2. SOC

3. 并联式混合动力系统

五、看图填空（将图中序号对应的零部件名称写在横线上）

1. 并联式混合动力系统（图 2—2—1）

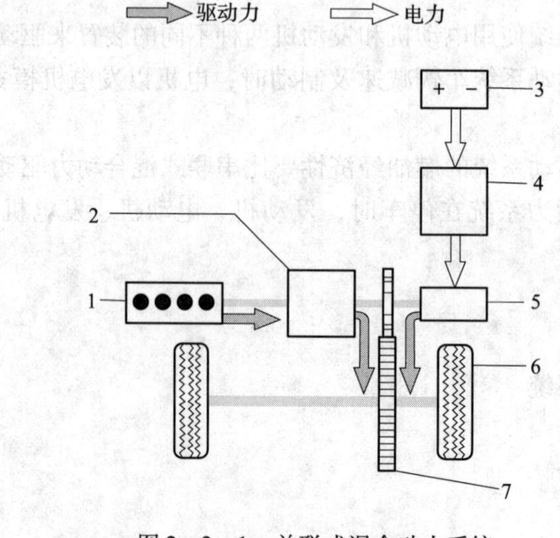

图 2—2—1　并联式混合动力系统

1—__________　2—__________　3—__________　4—__________

5—__________　6—__________　7—__________

2. 日产风雅混合动力系统的结构（图 2—2—2）

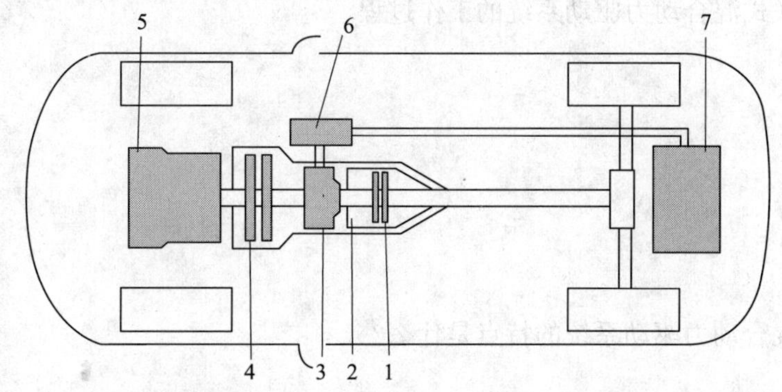

图 2—2—2　日产风雅混合动力系统的结构

1—＿＿＿＿＿＿　2—＿＿＿＿＿＿　3—＿＿＿＿＿＿　4—＿＿＿＿＿＿

5—＿＿＿＿＿＿　6—＿＿＿＿＿＿　7—＿＿＿＿＿＿

3. 混联式混合动力系统（图 2—2—3）

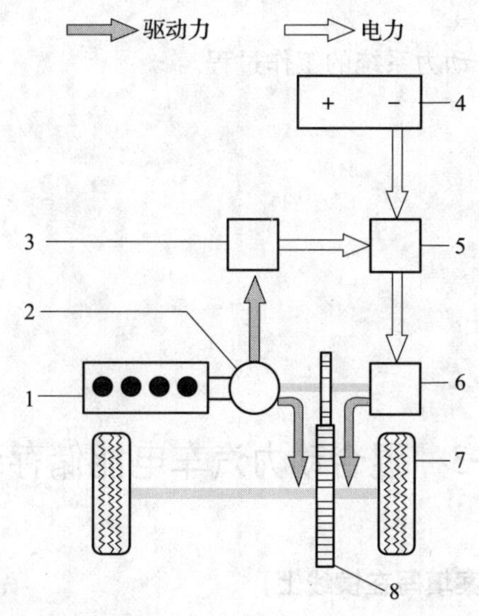

图 2—2—3　混联式混合动力系统

1—＿＿＿＿＿＿　2—＿＿＿＿＿＿　3—＿＿＿＿＿＿　4—＿＿＿＿＿＿

5—＿＿＿＿＿＿　6—＿＿＿＿＿＿　7—＿＿＿＿＿＿　8—＿＿＿＿＿＿

六、简答题

1. 串联式混合动力驱动系统的优点是什么？

2．简述串联式混合动力驱动系统的工作过程。

3．并联式混合动力驱动系统的特点是什么？

4．简述丰田混联式混合动力系统的工作过程。

§2—3　混合动力汽车电能储存装置

一、填空题（将正确答案填写在横线上）

1．现代混合动力汽车上最常见的二次电池有__________、__________、__________、__________四类。

2．铅酸蓄电池的特点是开路电压__________，放电电压__________，充电效率__________，能够在常温下正常工作，生产技术成熟，价格便宜，规格齐全。

3．按照锂离子电池的外形形状可分为__________锂离子电池和__________锂离子电池。

4．对于锂离子电池来说，目前应用最为广泛的是__________________锂电池和__________________锂电池。

5．锂离子电池由__________、__________、__________、__________和__________等组成。

6．根据电动车辆所采用的电池的类型和动力蓄电池组的组合方法，电池组管理系统主要包括__________管理子系统、__________管理子系统和__________管理子系统等。

7. 为了保证每个蓄电池都能有良好的散热条件和环境，将混合动力汽车的动力蓄电池组装在一个__________系统中，使各个蓄电池的__________保持一致或相接近，以及使各个蓄电池的周边环境条件相似。

8. 动力蓄电池组管理系统的基本功能是__________管理、__________管理、__________的估计和故障诊断。

9. 根据充电器是装在车内还是车外，充电器可分为__________和__________两种。

10. 镍氢电池在金属__________的催化作用下，完成__________和__________的可逆反应。

11. 各种蓄电池一般是供给__________电，然后经过__________或__________转换成频率和电压幅值__________，供给驱动电动机来驱动车辆行驶。

二、选择题（不定项）

1. 混合动力汽车的电能储存装置可以分为（　　）等几类。

A. 二次电池　　B. 超级电容　　C. 飞轮电池

2. 一般蓄电池放电高效率区为（　　）SOC。

A. 30% ~50%　　B. 0% ~50%　　C. 50% ~80%

3. 混合动力电动汽车的动力蓄电池的循环寿命要求不低于（　　）次。

A. 100　　B. 500　　C. 1 000

4. 镍镉电池是一种（　　）性电池。

A. 碱　　B. 酸　　C. 中

5. 在混合动力汽车上，动力蓄电池必须是具有强大能量的动力电源，除了作为驱动动力能源外，还必须要向（　　）提供电力能源。

A. 照明信号系统　　B. 空调系统

C. 动力转向系统

三、判断题（对的打“√”，错的打“×”）

1. 二次电池也称为可充电电池。（　　）

2. 超级电容与常见的物理电容器相同。（　　）

3. 蓄电池充电和放电的循环次数与电池的充电和放电的形式、电池的温度和放电深度有关，放电深度“深”时，有利于延长电池的寿命。（　　）

4. 混合动力汽车的牵引用动力铅酸蓄电池性能与启动用铅酸蓄电池的要求是不同的。（　　）

5. 镍镉电池过充电和过放电性能好，有高倍率的放电特性，瞬时脉冲放电率很大，深度放电性能也好，但循环使用寿命长。（　　）

6. 镍镉电池有记忆效应。（　　）

7. 与其他蓄电池比较，锂离子电池具有电压高、比能量高、充放电寿命长、无记忆效应、无污染、快速充电、自放电率低、工作温度范围宽和安全可靠等优点。（　　）

8. 带有温度测量装置的动力蓄电池组管理系统，是利用损坏的电池在充电过程中电池

温度高于正常电池温度的原理，用温度传感器来测定和监控每一个电池在充电过程中的温度是否在允许范围内。（ ）

9. 根据给电动汽车蓄电池充电时的能量转换方式不同，充电器也可以分为接触式和感应式两种系统。（ ）

四、名词解释

1. 飞轮电池

2. 比能量（W·h/kg）

3. 能量密度（W·h/L）

4. 功率密度（W/L）

五、简答题

1. 镍镉电池的特点是什么？

2. 镍氢电池的特点是什么？

3. 动力蓄电池组的管理内容是什么？

4. 电动汽车蓄电池充电器的基本功能是什么？

5. 电动汽车蓄电池感应充电器的工作原理是什么？

§2—4　混合动力汽车的驱动电机

一、填空题（将正确答案填写在横线上）

1. 采用＿＿＿＿＿＿可以减少电动机和导线等装备的尺寸、降低逆变器的成本和提高＿＿＿＿＿＿等。

2. 驱动电动机应具有较大的＿＿＿＿＿＿和较大范围的＿＿＿＿＿＿，以满足启动、加速、行驶、减速、制动等所需的功率与转矩；应具有自动调速功能，减轻操纵强度，提高舒适性，能达到与内燃机汽车同样的＿＿＿＿＿＿。

3. 驱动电动机的＿＿＿＿＿＿安全性和＿＿＿＿＿＿的安全性应达到有关的标准和规定；必须装备＿＿＿＿＿＿以保证安全。

4. 混合动力汽车在不同的历史时期采用了不同的电动机，最早是采用了控制性能好和成本较低的＿＿＿＿＿＿＿＿＿＿。随着电子技术、机械制造技术和自动控制技术的发展，＿＿＿＿＿＿＿＿、＿＿＿＿＿＿＿＿和＿＿＿＿＿＿＿＿显示出更加优越的性能。

5. 交流电动机可分为＿＿＿＿＿＿＿＿和＿＿＿＿＿＿＿＿两类。

6. 交流永磁电动机采用＿＿＿＿＿＿永磁体励磁，与感应电动机相比不需要励磁电路，具有效率＿＿＿＿＿＿、功率密度＿＿＿＿＿＿等特点。

二、选择题（单选）

1. 现代电动汽车的高转速电动机的转速可以达到（　　）r/min，由于体积和质量都小，有利于降低整车的整备质量。

A. 2 000 ~ 5 000　　B. 5 000 ~ 8 000　　C. 8 000 ~ 12 000

2. 比功率最高的驱动电动机是（　　）。

A. 直流电动机　　B. 感应式电动机

C. 永磁式电动机　　D. 开关磁阻式电动机

3. 可靠性最好的驱动电动机是（　　）。

A. 直流电动机　　B. 感应式电动机

C. 永磁式电动机　　D. 开关磁阻式电动机

4. 无刷直流电动机外特性曲线类似于（　　），特性较硬。

A. 永磁直流电动机　　B. 交流感应电动机

C. 永磁式电动机　　D. 开关磁阻式电动机

三、判断题（对的打“√”，错的打“×”）

1. 驱动电动机转矩密度、功率密度越大，HEV 电动机驱动系统占用的空间越小。（　　）

2. 永磁同步电动机具有功率密度高、调速范围宽、效率高、性能可靠、结构复杂、体积大等特点。（　　）

3. 永磁同步电动机和无刷直流电动机在结构和原理上是不同的。（ ）

4. 交流永磁电动机主要包括永磁同步电动机和无刷直流电动机两大类。（ ）

四、简答题

1. 电动汽车直流电动机的特点是什么？

2. 交流感应电动机控制系统的主要作用是什么？

3. 永磁同步电动机的特点是什么？

4. 永磁无刷直流电动机的性能是怎样的？

第三章　丰田普锐斯混合动力汽车构造与维修

§3—1　丰田混合动力系统

一、填空题（将正确答案填写在横线上）

1. THS 的核心是用____________组成的动力组合器，用于协调发动机和电动机的________和__________。

2. 普锐斯混合动力汽车的________将发动机和电动机的力矩分配给________或________，通过选择性地控制动力源（驱动电动机、发动机和发电机）的转速，模拟变速器传动比的连续变化。

3. 在“READY”指示灯亮，车辆处于“P”挡或车辆倒车时，如果监视项目符合条件，HV ECU 发出指令，启动________，驱动________，并为 HV 蓄电池________。

4. 混合动力车辆（HV）变速驱动桥由________、________和________组成。

5. 增压转换器将 HV 蓄电池的最高电压从________ 201.6 V 增加到________ 500 V；反之亦可。

6. DC/DC 转换器将最高电压从 DC 201.6 V 降到________，为车身电气组件供电以及为备用蓄电池再次充电。

7. 普锐斯高压线束和接头采用________色，以与________区别。

8. 丰田混合动力控制系统内置于电动机（MG2）中的________直接检测电动机（MG2）的温度。____________计算发电机（MG1）的温度。

二、选择题（不定项）

1. 普锐斯采用（　　）蓄电池作为 HV 蓄电池，其位于行李厢内后排座位下。

A. 铅酸　　B. 镍氢（Ni－MH）

C. 锂离子　　D. 镍镉

2. HV ECU 始终监视（　　）。

A. SOC 状态　　B. 蓄电池温度

C. 水温　　D. 电载荷状况

三、判断题（对的打“√”，错的打“×”）

1. 普锐斯混合动力汽车并不是一般意义上的无级变速器（CVT），但其变速理论与无级

变速器的变速理论相同。 ( )

2. 发电机（MG1）和电动机（MG2）结构紧凑、质量轻、高效，为开关磁阻发电机/电动机。 ( )

3. 普锐斯发电机（MG1）由发动机带动旋转产生高压电以操作电动机（MG2）或为HV蓄电池充电。同时，它还可以作为起动机启动发动机。 ( )

4. 普锐斯混合动力汽车空调系统的驱动依靠发动机的运转。 ( )

5. 普锐斯车辆采用了配备有水泵的发电机（MG1）和电动机（MG2）冷却系统，其与发动机冷却系统连在一起。 ( )

6. 蓄电池 ECU 监控 HV 蓄电池的充电状态。 ( )

7. 如果水温、SOC 状态、蓄电池温度和电载荷状态不满足条件，即使驾驶员按下“POWER”开关，“READY”指示灯打开，发动机也不会运转。 ( )

8. 如果 SOC 较低或 HV 蓄电池、发电机（MG1）或电动机（MG2）的温度高于规定值，则 HV ECU 限制对驱动轮的动力的大小，直至它恢复到额定值。 ( )

9. 一般来说，车辆处于“N”挡时，发电机（MG1）和电动机（MG2）也会工作。 ( )

四、名词解释

SMR

五、看图填空

分别在图上用箭头标出相应工况下的动力或电流走向。

1. 低载荷巡航工况（图 3—1—1）

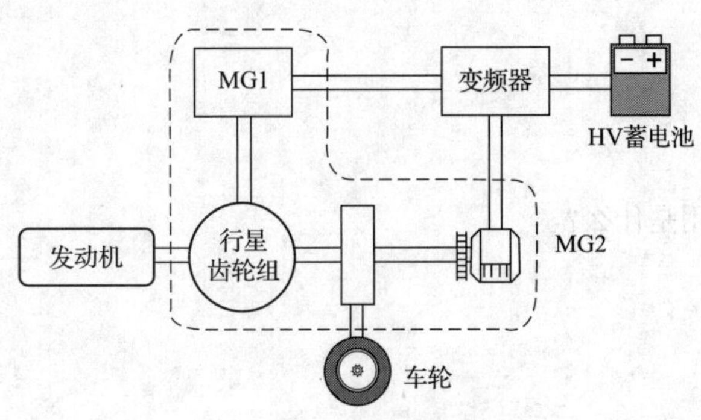

图 3—1—1 低载荷巡航工况

2. 车辆从低载荷巡航转换为节气门全开加速模式（图 3—1—2）

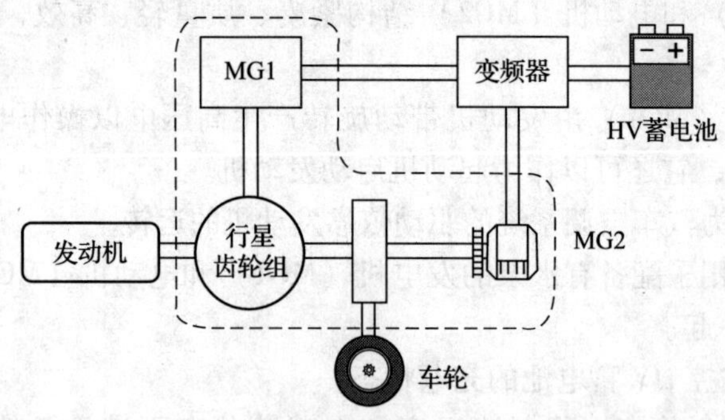

图 3—1—2 车辆从低载荷巡航转换为节气门全开加速模式

六、简答题

1. 行星齿轮组的作用是什么？

2. 电动机（MG2）的作用是什么？

3. 变频器的作用与组成是什么？

4. HV ECU 的作用是什么？

5．丰田混合动力汽车控制系统中，发电机（MG1）和电动机（MG2）的控制内容有哪些？

6．在什么情况下虽然选择 EV 模式，但是发动机仍继续工作？

§3—2　普锐斯混合动力系统主要部件

一、填空题（将正确答案填写在横线上）

1．第三代普锐斯混合动力汽车采用__________个额定__________V 的镍氢电池串联组成一个__________V 的电池模块，若干组电池模块串联构成蓄电池。第二代和第三代蓄电池采用了__________组模块，总电压为__________V。

2．普锐斯 HV 蓄电池、蓄电池 ECU 和 SMR（系统主继电器）集中在一个__________，位于__________中。

3．普锐斯 HV 蓄电池里第 19 到第 20 模块中间的__________用于__________。维修高压电路的任何部分时，一定要将此部件拔下。

4．重复充电/放电时，HV 蓄电池会产生热量，为确保其正常工作，车辆为 HV 蓄电池配备了专用的____________________。

5．______________控制冷却风扇的工作，其根据 HV 蓄电池内部的 3 个________________和________________给出的信号将 HV 蓄电池温度控制在合适的范围。

6．第三代电动机/发电机将工作电压提高到__________V，最高输出功率增加了 20%，最高转速提高了约 1 倍，大大缩减了电动机/发电机的__________和__________。

二、选择题（不定项）

1．SMR 按照 HV ECU 的指令连接和断开到高压电路的动力。系统共有（　　）个主继电器，以保证混合动力系统正常运行。

A．2　　　　　　B．3　　　　　　C．4　　　　　　D．5

2．普锐斯蓄电池 ECU 不断地检测 HV 蓄电池（　　）。

A．温度　　　　　B．电压　　　　　C．电流　　　　　D．是否漏电

3．普锐斯 HV 蓄电池的目标 SOC 是（　　），若 SOC 降到目标 SOC 以下，HV ECU 会给发动机 ECM 发出信号，增大功率输出，给 HV 蓄电池充电。

A．90%　　　　　B．80%　　　　　C．70%　　　　　D．60%

三、判断题（对的打“√”，错的打“×”）

1．普锐斯混合动力系统控制充放电速度，使 HV 蓄电池保持恒定的荷电状态。（　　）

2．充电/放电时，HV 蓄电池会散发热量，为保护蓄电池的性能，蓄电池 ECU 控制冷却风扇工作帮助散热。（　　）

3．普锐斯混合动力汽车采用 12 V 的蓄电池，与传统汽车蓄电池类似。（　　）

4．普锐斯辅助蓄电池在充电时，不需将蓄电池从车上拆下就可直接充电。（　　）

5．MG1 和 MG2 不能分解，因为它们都是精密组件。如果这些组件出现故障，则需整体更换混合动力变速驱动桥总成。（　　）

四、看图填空

图 3—2—1 是普锐斯变速驱动桥的组成，将图中序号对应的零部件名称填写到相应的横线上。

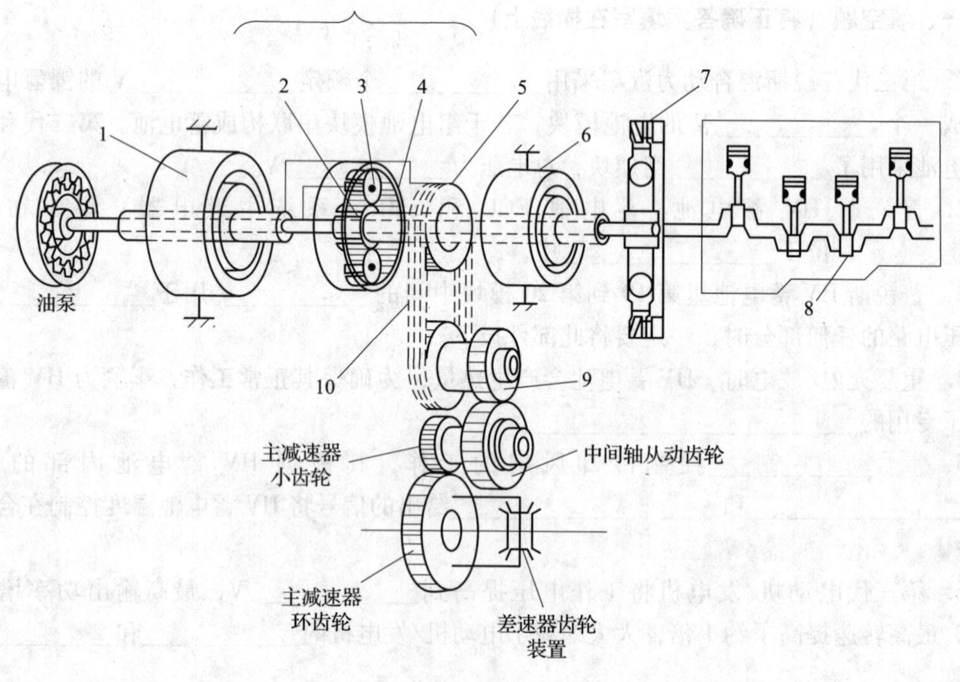

图 3—2—1　普锐斯变速驱动桥的组成

1—________　2—________　3—________　4—________　5—________

6—________　7—________　8—________　9—________　10—________

五、简答题

1. 蓄电池 ECU 的功能有哪些？

2. 普锐斯混合动力汽车是如何锁止驻车锁的？

§3—3 普锐斯混合动力系统的维修

一、填空题（将正确答案填写在横线上）

1. 混合动力控制系统使用高压电路，因此不正确的操作可能导致__________或__________。

2. 高压电路的线束和连接器都是__________；HV 蓄电池等高压零件都贴有“高压”警示，小心不要__________这些配线。

3. 完成对高压系统的操作后和重新安装检修塞前，应再次确认在工作平台周围没有遗留任何__________，并确认__________已拧紧、__________已连接。

4. 拆下任何高压配线后，立刻用__________将其__________。

5. 检修普锐斯车辆时，应将拆下来的检修塞放到__________内，以防止其他人重新__________检修塞。

6. 检修普锐斯车辆时不要携带任何类似卡尺或测量卷尺等的____________，因为这些物体可能掉落而引起____________。

7. “READY”灯亮时，________________输出电压；熄灭时，________________输出电压。

8. 检查加速踏板位置传感器时，不要从加速踏板上拆下加速踏板位置传感器，应在连接器的_____________________________侧进行检查。

9. HV 控制 ECU 有自诊断系统。如果不正当操作混合车辆控制系统或其他组件，ECU 会检测出故障，使组合仪表上的____________点亮，或者在复式显示器上其他灯点亮，如________________、________________或________________。

10. 变频器内包含一个三相桥电路，它由________________组成，用来转换直流电和三相交流电。

11. 如果发生故障，则蓄电池 ECU 执行____________功能，依照故障程度保护 HV 蓄电池总成。

12. 车辆行驶时，为了控制 HV 蓄电池总成温度的上升，蓄电池 ECU 依照 HV 蓄电池总成温度决定并控制蓄电池鼓风机总成的_________________________。

13. 检查蓄电池加液口塞的导通性时，用欧姆表测量端子间的电阻，电阻标准值为____________ Ω或更大，如果不符合标准值，则更换蓄电池加液口塞。

二、选择题（不定项）

1. 检查转换器运行情况时，在“READY”灯点亮、熄灭时，用电压表测量辅助蓄电池端子的电压应为（　　）V。

A. 0　　B. 12　　C. 14

2. 驱动电动机变频器电压过低故障的 DTC 码为 POA78，其可能故障部位有（　　）。

A. 线束或连接器　　B. 带转换器的变频器总成

C. HV 控制 ECU

3. 检查系统主电阻器时，用欧姆表测量端子间的电阻，电阻值应为（　　）Ω。

A. 10　　B. 18 ~22　　C. 40

三、判断题（对的打“√”，错的打“×”）

1. 拆下检修塞后，可以操作电源开关。（　　）

2. 检查、维修任何高压配线和零件时，必须戴绝缘手套。（　　）

3. 一定要按规定力矩将高压螺钉端子拧紧，但力矩不足或过量不会导致故障。（　　）

4. 速度传感器的电阻值如果不符合标准值，则更换混合动力车辆变速驱动桥总成。（　　）

5. 主警告灯点亮表示 THS - Ⅱ有故障，在检查模式下主警告灯闪烁。（　　）

6. 变频器电压传感器根据高压的不同输出一个 0 ~5 V 间的电压值。高压越高，输出电压越低；高压越低，输出电压越高。（　　）

7. 当 HV 蓄电池系统存在故障时主警告灯亮，在检查模式下主警告灯闪烁。（　　）

四、名词解释

IT－Ⅱ

五、简答题

1．对高压系统进行操作时断开电源的注意事项有哪些？

2．使用绝缘手套的注意事项有哪些？

3．如何检查变频器？

4．如何检查转换器？

5．简述混合动力控制系统的故障诊断步骤。

第四章　别克君越混合动力系统构造与维修

§4—1　BAS Hybrid 系统概述

一、填空题（将正确答案填写在横线上）

1. 通用汽车公司（GM）将混合动力系统分成________________________系统和____________________系统两种类型。

2. 车辆停止阶段，发动机进入____________模式，此时发动机处于关闭状态，没有燃油流向发动机，车上的一些附件装置，如灯光系统、娱乐系统等，都由____________供电。

3. 再生制动阶段，当车辆减速时，发动机停止供油，液力变矩器锁止，车辆带动发动机转动，________________此时作为发电机进行发电。发电机相当于车辆的____________，对车辆又起着____________，系统进入____________阶段。

4. 通用汽车 BAS Hybrid 的工作过程包括车辆停止阶段、电动机/发电机短暂工作阶段、燃油供给阶段、____________、____________、减速断油阶段、____________________。

二、看图填空

图 4—1—1 所示为 BAS Hybrid 混合动力车辆的基本结构，将图中序号对应的零部件名称写在横线上。

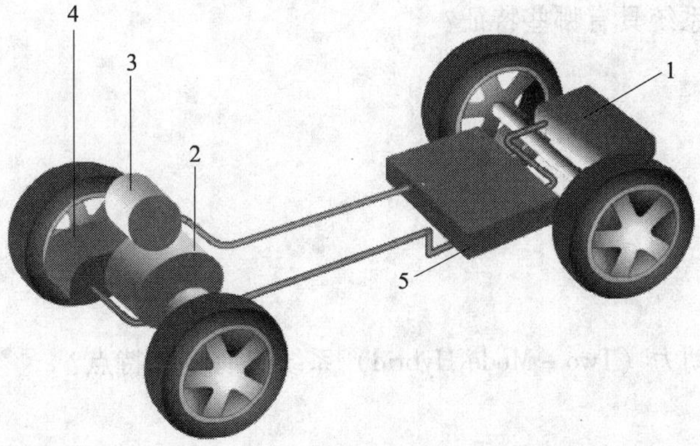

图 4—1—1　BAS Hybrid 混合动力车辆的基本结构

1—________________　2—________________　3—________________

4—________________　5—________________

三、名词解释

1. BAS Hybrid 系统

2. MGU

3. SGCM

四、简答题

1. BAS Hybrid 系统具有哪些特征？

2. 双模式混合动力（Two - Mode Hybrid）系统具有哪些特点？

3. 轻混合动力（Mild Hybrid）系统具有哪些特点？

§4—2　BAS 控制系统

一、填空题（将正确答案填写在横线上）

1. 电动机/发电机总成（MGU）的内部主要是由____________和____________组成的，应用的是________________原理。

2. 电动机/发电机总成（MGU）中定子线圈也叫____________或____________，由____________组绕组组成。

3. 发电机运行时，三相电枢电流合成产生一个同步转速的____________；定子磁场和转子磁场相互作用，会产生____________。

4. 电动机/发电机总成（MGU）中定子线圈连接方式分为____________接法和____________接法。

5. 在 MGU 的内部安装有____________________传感器。

6. 电动机/发电机总成（MGU）在作为起动机转动时，SGCM 需要知道转子的____________和____________，以确定转子的____________。

7. GM 将车用直流电定义为三种类型：____________DC 为低电压；____________DC 为中间电压，使用蓝色电缆；____________DC 以上为高电压，使用橙色电缆。

8. 控制模块安装在________________内，内部是 32 位处理器。三相电缆安装在 SGCM 的顶部，是________________电缆，电缆包括内部导线和外层接地屏蔽。

9. SGCM 作为逆变器的时候，将________________电源转换成________________电。

10. SGCM 在 12 V 系统电力不足时，模块内的辅助电源模块将____________电源转变为 12 V 直流电源。

11. 在别克君越混合动力镍氢电池组上有________________________________和一个________________________________。

12. 别克君越混合动力电池组是由____________块____________电池____________连接组成的。

13. 电流传感器为感应型传感器，安装在电池组________________内部，用来诊断________________________。

14. 电池组分离控制模块也叫____________________模块，位于____________旁边。

二、判断题（对的打“√”，错的打“×”）

1. SGCM 不能控制空调系统中的加热器冷却液泵。（ ）

2. SGCM 内部有 36 V DC 到 12 V DC 电压转换器，12 V 系统给 12 V 蓄电池充电及车辆其他电器使用，36 V 系统给混合动力电池组进行充电。（ ）

3. 起动机/发电机控制模块内部有一个温度传感器，检测起动机/发电机的工作温度。（ ）

4. 电流传感器检测的是 36 V 电池组输入/输出电流的大小。（ ）

5. 电池组的温度传感器为热敏电阻式，用来监测每一个电池的温度变化，信号输入给电池组分离控制模块。（ ）

三、简答题

1. 简述当 MGU 作为发电机使用时的工作原理。

2. 简述当 MGU 作为起动机使用时的工作原理。

3. 电压传感器的作用是什么？

4. 电池组分离控制模块的作用是什么？

§4—3 混合动力辅助系统

一、填空题（将正确答案填写在横线上）

1. 别克君越混合动力车使用了一个__________动的自动变速器辅助油泵，用来在发动机停止工作时使变速器产生足够的油压，保证__________和__________能够正常工作。

2. 别克君越混合动力车自动变速器油泵控制电压是变化的，达到正常工作温度前，工作电压为__________V；达到正常工作温度时，工作电压为__________V。

3. 自动变速器辅助油泵驱动器的控制信号是__________。

4. 跨接启动负极连接点位于__________上，在发动机舱保险丝盒内，保险丝盒后方的__________端子就是跨接启动正极连接点。

5. 充电指示表上标有一个蓄电池的符号及 Hybrid 文字标志，表示混合动力电池组的__________状态，当混合动力电池组处在__________状态时，指针偏向“H”方向；当电池组处在__________状态时（如加速助力时），指针偏向“L”方向。

6. 在坡路保持阀总成内有两个__________，坡路保持阀的特点是在制动器松开和发动机启动期间，将车轮__________减少到最小。

7. 在车辆从自动停止到发动机重新启动的过程中，SGCM 对 HHV 电磁阀进行 PWM（脉宽调制）控制，SGCM 控制坡路保持阀打开的__________，以缓慢降低制动压力的泄放，这样可以避免车辆起步前__________的危险和车辆起步后__________的发生。

8. 别克君越混合动力车在制动真空助力器上加装了一个__________传感器。

9. 电子液压动力转向控制系统根据__________信号、__________信号控制动力转向力的大小，控制模块通过 CAN 总线传递各种信号。

二、判断题（对的打“√”，错的打“×”）

1. 辅助油泵驱动模块实际上是与起动机/发电机控制模块（SGCM）分开的，它位于左前大灯的下面。（ ）

2. 别克君越混合动力车的自动变速器辅助油泵是一个电子控制的摆线泵。（ ）

3. “AUTO STOP”位置表示车辆已经进入自动停止模式并等待发动机重新启动的状态。（ ）

4. 坡路保持电磁阀能完全消除车轮滚动的趋势。（ ）

5. 空调在“自动（Auto）”模式下，车辆允许进入自动停止模式，车厢内的温度可能会上升，但是燃油经济性最佳，此时发动机关机的时间会根据环境温度和空调蒸发器温度而定。（ ）

6. 别克君越混合动力车空调加热器水泵由空调 ECU 控制。（ ）

三、简答题

1. 辅助油泵工作特点是什么？

2. “ECO” 指示灯什么时候亮？

3. 助力器真空传感器的作用是什么？

§4—4　BAS Hybrid系统工作模式

一、填空题（将正确答案填写在横线上）

1. 在车辆行驶过程中，驾驶员踩下制动踏板，车辆完全停止后，车辆进入__________。

2. 在重新启动/加速模式中，自动变速器辅助油泵由混合动力辅助油泵驱动器通过PWM（脉宽调制）进行控制，所产生的__________用以__________。

3. 自动停止模式启用需要多个条件，其中要求有足够的制动________、________大于自动停止要求等。

4. 车辆从减速到停止的过程中，具有不同的特性。当加速踏板被释放后，燃油供应停止，发动机停止工作，车辆进入__________状态，以节省__________。

5. 在车辆滑行减速期间，变矩器、离合器会尽早地__________，车辆从发动机推动（燃油消耗）到________________的过程中，__________的变化比较平稳。

6．减速—停止模式下，发动机通过变矩器与变速器连接在一起，车辆带动发动机转动，____________带动电动机/发电机单元转动，车辆进入__________状态（类似于发动机制动）。

二、判断题（对的打“√”，错的打“×”）

1．自动停止模式下，如果蓄电池的充电能力太低，发动机将自动重新启动。（　　）

2．当驾驶员的脚从制动踏板上松开时，车辆开始进入重新启动/加速模式，发动机重新启动，这可以保证电池组始终处于最优化的充电状态，延长电池组使用寿命。（　　）

3．驾驶中的车辆，换挡杆在N位，自动停止模式可以启用。（　　）

三、简答题

1．智能充电模式下，混合动力系统工作情况是怎样的？

2．自动停止模式下系统的状态是怎样的？

§4—5　BAS Hybrid的维修

一、填空题（将正确答案填写在横线上）

1．电池组电缆端子表面出现破损或不平整将会导致线路__________、系统元件损坏、____________故障，以及产生大量__________。

2．电池组负极端子固定螺母是一个__________螺母，在螺母上有一个__________。错误的安装方式将导致其破损，同时可能引起__________。

3．电动机/发电机温度传感器在室温下的电阻值应为__________ kΩ。

4．SGCM检测电动机/发电机的工作温度，并参考其他温度传感器（SGCM内部温度传感器、电池组温度传感器等）的信号，判断 MGU 是否在正常的工作温度范围内，如果超出正常温度范围，SGCM 会________________。

二、判断题（对的打“√”，错的打“×”）

1. 在进行维修之前，取下身上佩戴的各种饰物，如戒指、项链、手表和其他金属物等，防止被电伤。 （ ）

2. 护目镜能防止眼睛受伤。 （ ）

3. 如果螺母掉入电池组分离控制模块，可用金属工具取出螺母。 （ ）

三、简答题

简述混合动力电池组断开程序。

第五章　宝马 X6 混合动力系统构造与维修

§5—1　宝马 X6 混合动力系统概述

一、填空题（将正确答案填写在横线上）

1．宝马 Active Hybrid 技术能够通过____________方式、____________或结合使用两种驱动方式实现行驶。

2．双模式主动变速器以__________________________________为基础，该变速器可在____________________运行状态下工作。

3．双模式主动变速器处于模式 1 时，主要在____________状态下通过使用电动机显著降低耗油量，同时产生____________________。

4．Active Hybrid X6 不仅效率高，____________和____________出色，而且在几乎同样出色的动力性能下将宝马 X6 xDrive50i 的标准油耗降低________________。

5．在内燃机达到____________且______________________________的情况下踩下加速踏板，宝马 Active Hybrid X6 就会以电动方式起步。

6．宝马 Active Hybrid X6 在行驶过程中会根据____________和____________状态以不同比例驱动内燃机和电动机。

7．混合动力驱动装置的主要优点是可以利用下坡行驶或________________时释放出的____________。

二、判断题（对的打"√"，错的打"×"）

1．双模式主动变速器可以明显改变电动和机械传输功率的比例。根据行驶情况，可通过电动机、内燃机或以固定比例使用两种驱动装置驱动。（　　）

2．双模式主动变速器处于模式 2 时，两个电动机以不同方式工作，除提供电动驱动助力和发电机功能外，还特别负责以最高效率划分挡位。（　　）

3．只有高电压蓄电池温度高于 0℃时，宝马 Active Hybrid X6 才允许以纯电动方式行驶。（　　）

4．BMW Active Hybrid 在外观上有自己独特的标识。（　　）

5．双模式自动变速器的两种电动机运行模式都采用非固定的传动比。（　　）

6．当车速不超过 60 km/h 时，宝马 Active Hybrid X6 通过纯电动方式最多可行驶 2. 5 km；当车速更低时，则可行驶更远。（　　）

7．目前所有宝马全混合动力车型均采用镍氢蓄电池。（　　）

三、简答题

1. 简述宝马 Active Hybrid X6 加速时的工作情况。

2. 简述发动机节能启停功能。

§5—2 发动机及主动变速器

一、填空题（将正确答案填写在横线上）

1. 宝马 Active Hybrid X6 车辆还有第三个用于____________的冷却循环回路，但是它并不属于发动机部分。

2. 电动辅助冷却液泵在发动机冷却循环回路中的安装位置确保在内燃机静止的情况下冷却液可以经过变速器油________________。这样可以确保在纯电动行驶期间对____________和两个____________进行冷却。

3. 在 E72 上，冷却液不对发动机控制单元进行冷却，而是对两个________________、________________和________________进行冷却。

4. 宝马 Active Hybrid X6 的功率（附加）____________的电动冷却液泵用于补偿____________与 PEB（供电电控箱）间的____________。

5. 宝马 Active Hybrid X6 的 20 W 冷却液泵的另一项任务是形成一个较小的“____________”。车外温度较低时可关闭两个 50 W 泵，因为不需要冷却功率。PEB 后有一个________________传感器，用于进行这项调节。

6. 宝马 Active Hybrid X6 车内所有的 20 W 泵通过一个________________信号控制。

7. PEB 后温度传感器上的低温冷却循环回路调节温度为________℃，自________℃起开始降低 PEB 内和 APM 上的控制功率，从而减少发热量。

8. 从驾驶员的角度来说，宝马 Active Hybrid X6 共有 7 个前进挡位。在变速器内部，这 7 个前进挡位通过 4 个固定的__________和具有__________传动比的两个模式实现。

9. 从狭义角度来说，主动变速器主要包括 2 个__________、3 个__________、4 个__________等部件。

10. 混合动力变速器控制系统读取输出__________、__________温度、驻车锁位置等传感器信号。这些传感器信号在用于单个功能的同时也通过总线系统传输给控制单元网络。

二、选择题（不定项）

1. 两个 50 W 电动冷却液泵通过（　　）总线连接在数字式发动机电子系统上。

A. LIN　　B. CAN　　C. VAN

2. 为了在关闭发动机后仍能够排放出 PEB 和 APM 的热量，（　　）的电动冷却液泵继续运行，且针对低温冷却循环回路也提供继续运行功能。

A. 功率为 20 W　　B. 第一个 50 W　　C. 第二个 50 W

3. 从广义角度来说，（　　）附加组件属于整个主动变速器系统。

A. 扭转减振器

B. 电液控制模块、混合动力驻车锁

C. 含电动泵/机械泵和冷却循环回路在内的供油系统

4. 每个电动机都装有（　　）传感器。

A. 温度　　B. 电动机位置　　C. 转矩

5. 通过四个片式离合器可使主动变速箱实现下列所需状态中的（　　）。

A. 两个 ECVT 模式中的一个　　B. 四个固定的基本挡位中的一个

C. “没有动力传输”的状态

6. 宝马 Active Hybrid X6 自动变速器有（　　）模式可供选择。

A. 驾驶　　B. 运动　　C. 手动

三、判断题（对的打“√”，错的打“×”）

1. 第二个电动冷却泵与第一个泵并联连接。（　　）

2. APM 控制的电功率远远高于 PEB。（　　）

3. E72 的内燃机通过皮带传动机构驱动转向助力泵和空调压缩机。（　　）

4. 4 个固定的基本挡位和 2 个 ECVT 模式通过 3 个行星齿轮箱和 4 个片式离合器实现或连接。（　　）

5. E72 的内燃机通过独立的起动机启动。（　　）

6. 宝马 Active Hybrid X6 两个电动机均为永励式同步电动机，既可以作为电动机又可以作为发电机驱动。（　　）

7. 混合动力变速器控制系统不再是变速器功能的主控单元，而是一个智能型执行机构控制单元。（　　）

8. E72 的混合动力驱动装置带有自适应变速器控制功能，该功能在混合动力主控控制单元内进行计算。（　　）

9. ECVT1 模式设计用于较低车速。（　　）

四、名词解释

1．PEB

2．APM

3．ECVT

4．DSM

5．功率分支式混合动力

五、简答题

1. 供电电子装置的执行机构控制单元的作用是什么？

2. 混合动力主控控制单元的功能是什么？

3. 混合动力变速器控制系统执行哪些重要功能？

4. 简述 ECVT1 模式时动力驱动情况。

§5—3 混合动力制动系统

一、填空题（将正确答案填写在横线上）

1. E72 的混合动力制动系统又称为“________________”或“________________”。

2. 能量回收式制动的执行机构是____________系统，通过____________控制电动机使其以发电机方式工作。

3. 只有在减速度高于____________或混合动力驱动装置无法转化所有制动能量时，才会针对剩余能量使用传统____________。

4. SBA 控制单元控制主动式____________。后者产生用于两个制动回路的制动压力，制动压力通过____________系统传递到四个车轮制动器上。

5. 能量回收式制动所需的某一组件失灵或供电失灵时，混合动力制动系统就会由“________________”切换为____________。

6. E72 的混合动力制动系统可在特殊情况下通过液压制动助力为驾驶员提供支持，即电子伺服模式，达到制动助力器的____________________；传统模式，达到制动助力器的控制点、制动助力器____________。

二、判断题（对的打“√”，错的打“×”）

1. DSC 控制单元是混合动力制动系统的主控控制单元，它控制从探测制动要求直至控制制动系统执行机构的所有过程。（　　）

2. 混合动力制动系统在接通供电后对电子伺服模式正常工作所需的所有系统组件进行自检，顺利结束自检后就会启用电子伺服模式，否则，混合动力制动系统就会保持传统模式。（　　）

3. 在不稳定的行驶情况下，动态稳定控制系统就会执行主控功能，但此时仍可以进行能量回收式制动。（　　）

4. 在电子伺服模式下，制动踏板与制动助力器的机械连接断开。（　　）

5. 在传统模式下从驾驶员的角度来说，这表明空行程增大，驾驶员几乎不会感觉到任何反作用力，直至销子到达限位位置。（　　）

6. 驾驶员在传统模式下操作制动踏板时，主动式制动助力器内的电磁阀不会受控工作，此时压杆不会移动。（　　）

7. 在电子伺服模式下踏板力模拟器不会产生反作用力。（　　）

三、简答题

1. 混合动力制动系统组件主要包括哪些？

2. 在哪些情况下会启用传统模式?

3. 简述在电子伺服模式下混合动力制动系统的工作情况。

§5—4 供　　电

一、填空题（将正确答案填写在横线上）

1. 宝马 Active Hybrid X6 车载网络主要由________、________车载网络、________车载网络三部分组成。

2. 电动驱动装置由两个电动机和________组成。电动机既可通过发电机方式（能量发生器）驱动又可通过电动机方式驱动。

3. AC/DC 转换器（连接电动驱动装置和高电压车载网络）和 DC/DC 转换器（高电压车载网络和 14 V 车载网络）作为____________使用，两个转换器都可进行________。

4. 14 V 车载网络由______为其提供能量。DC/DC 转换器取代了以前为此所用的________，因此在行驶状态下 14 V 车载网络的电能供应不再取决于发动机的

________________。

5. 为了确保车载网络电压稳定性和混合动力驻车锁（DSM）冗余供电，在 E72 上装有一个________________。

6. 为了避免车辆驻车期间产生平衡电流，行驶准备状态结束后通过一个____________继电器断开两个________________。

7. ____________和关闭高电压系统____________ s 后断路继电器断开。

8. 极性接错保护功能用于防止客户________________接反极性时对车载网络以及所连接的电气组件造成____________。

9. 能量管理系统用于避免在行驶期间 12 V 蓄电池____________，从而保持车辆功能正常并在较长时间内确保____________。

10. E72 最重要的电源管理系统功能是 12 V 蓄电池____________和____________出危险的蓄电池充电状态时关闭/减少用电器。

二、看图填空

图 5—4—1 所示为 E72 车载网络的组成。将图中字母和序号对应的零部件名称写在横线上。

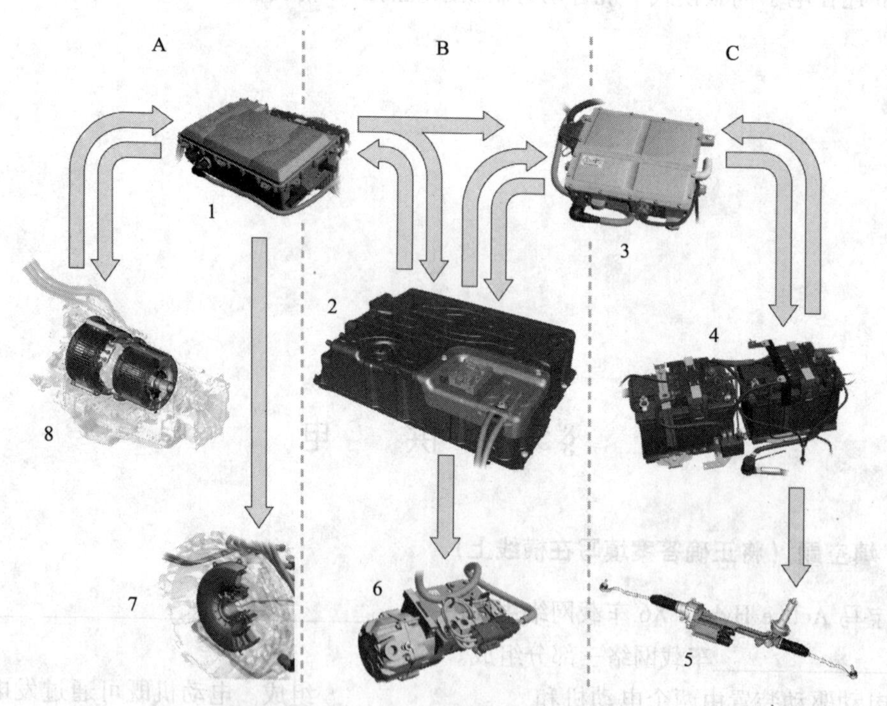

图 5—4—1　E72 车载网络的组成

A—　　　　　　B—　　　　　　C—

1—____________ 2—____________ 3—____________ 4—____________

5—____________ 6—____________ 7—____________ 8—____________

三、名词解释

IBS

四、简答题

1. 满足什么条件时断路继电器接合？

2. 什么是“启动辅助”功能？

§5—5 高电压蓄电池单元

一、填空题（将正确答案填写在横线上）

1. 高电压蓄电池单元安装在____________上，通过四个固定螺栓与行李厢地板连接在一起。

2. 高电压蓄电池单元固定螺栓能在高电压蓄电池单元壳体与接地之间建立起____________，其用于____________，而且是实现____________的前提条件。

3. 高电压蓄电池是高电压系统的实际蓄能器，通过串联总共____________个电解槽得到____________V 额定电压。每 10 个电解槽组成一个模块，13 个模块并排布置，构成一列；____________叠加布置，构成整个高电压蓄电池套件。

4. 在串联的蓄电池电解槽正中间接入了____________插头，该插头还包括一个高电流____________。

5. 电动机械式接触器由________________进行控制，通过________________为接触器供电。

6. 高电压蓄电池单元外部的冷却系统拥有与__________循环回路相连的独立冷却循环回路。

7. 镍氢蓄电池充电和放电时可能会产生____________，其中包含少量__________气。

8. ________________通过混合动力 CAN 上的电码以及另一个独立的信号导线（PWM 设码）要求启动高电压系统，随后由______________控制启动。

9. 关闭高电压系统分为__________关闭和__________关闭两种情况。

10. 如果碰撞和安全模块识别出相应严重程度的事故就会__________安全型蓄电池接线柱与 12 V 蓄电池正极的__________。

11. 如果通过__________识别出高电压导线内的电流强度过高，蓄电池控制模块也会触发快速__________从而保护组件。

12. 在两个高电压导线与高电压蓄电池单元壳体之间存在__________，它可针对绝缘监控功能单独启用。

13. 进行维修时需要更换的单个部件有________________、________________、高电流保险丝（高电压安全插头内的）、冷却液补液罐密封盖等。

二、选择题（不定项）

1. 高电压蓄电池单元中的每列蓄电池电解槽都装有（　　）个温度传感器，用于监控电解槽温度并根据需要调节冷却功率。

A. 1　　　　B. 2　　　　C. 3

2. 高电压安全插头执行的任务有（　　）。

A. 关闭高电压系统供电

B. 防止重新接通

C. 作为高电压蓄电池高电流保险丝的支架

3. 高电压蓄电池充电策略的目的在于（　　）。

A. 延长高电压蓄电池的使用寿命

B. 制动能量回收利用

C. 能量消耗（例如助推功能）保存储备

三、判断题（对的打“√”，错的打“×”）

1. 拉动高电压安全插头或触发保险丝时都会使串联连接中断。（　　）

2. 完全用完可存储的蓄电池能量，不会对高电压蓄电池使用寿命有影响。（　　）

3. 蓄电池控制模块自身可以存储故障代码。（　　）

4. 高电压蓄电池单元内部的 BCM 电气接口分为两个插头，一个用于低电压导线，另一个用于高电压导线。（　　）

5. 取下高电压安全盖板时，盖板内的跨接线断开并使高电压接触监控电路断路。（　　）

6．高电压蓄电池单元内的冷却系统通过两个接口与冷却液管路（供给管路和回流管路）相连，进而与高电压蓄电池单元外部的冷却系统相连。（　　）

7．如果识别出高电压接触监控电路断路且存在人员接触高电压系统带电部件的可能，接触器触点就会断开。（　　）

8．发动机节能启停功能可以一直使用至充电状态下限。（　　）

四、简答题

1．高电压蓄电池单元的主要作用是什么？

2．高电压蓄电池单元主要包括哪些部分？

3．蓄电池控制模块的作用是什么？

§5—6 供电电子装置

一、填空题（将正确答案填写在横线上）

1．E72 与混合动力有关的供电电子装置分布在________________和________________两个控制单元上。

2．____________是一个 DC/DC 转换器，负责实现混合动力车辆两个电压层面间的____________转换。

3．APM 控制单元采用____________设计，即 APM 在____________车载网络和____________V 车载网络间对电能进行双向传输。

4．APM 由 HCP 进行控制，HCP 是 PEB 的一个组成部分，APM 无法独立接通________________功能。

5．当高电压蓄电池的____________值低于启动能力限值而必须为高电压蓄电池充电时，就会选择____________运行模式。

6．PEB 控制所有运行状态下的高电压车载网、____________双向能量流动、两个电动机的转速和____________以及电动混合动力机油泵控制系统（电动机泵换流器）。

7．混合动力主控控制单元 HCP 的能量运行策略根据____________、____________和驾驶员要求持续调节能量分配。

8．出于高电压安全考虑，不允许打开或分解 PEB，出现故障时始终______________。

二、名词解释

下降模式

三、简答题

1．PEB 内四个控制单元的执行功能是什么？

2. 简述供电配电盒 PDB 维修注意事项。